*modos de construção sobre tapumes*
Gabriela Sobral

cacha
lote

*modos de construção sobre tapumes*
Gabriela Sobral

PRAÇA DOS ESTIVADORES

Eu preciso catalogar as palavras que digam
com autorização semântica:
gosto de água em temperatura fria caindo na testa
na Praça dos Estivadores.

Que palavra é essa que vai abrir uma rachadura
e fazer aparente todos os filhos da terra?
Se eu acho essa palavra
pego-a pela unha.

ACAPU-PAU-AMARELO

Numa decisão química
fiz nosso apagamento
Eu não preciso mais completar tuas frases
resolver histórias soltas e repetidas
ordenando-as
para que no final do dia
tenhas um esquema gigante
de como ensinar ao mundo a gravidade das simpatias.

Não mais é possível rogar por teus objetos inúteis
como uma santa a quem se recorre
Serás, agora, a filha perdida
Só enxergarás uma cadeira sem frente
e quando tiveres sorte
será possível, estando um pouco de lado,
olhar uma senhora de pau e pedra,
assentindo:
ainda és
reconhecível.

## AGRICULTURA EM AREIA

Informo que catorze borboletas
e cinco mil aranhinhas autorizaram
que nos amássemos ao redor.
Minhas partes cresceram em linhas inteiras.

Tornei-me um tubérculo, como sempre quis:
os fios em repouso gentil
cabeça funda, ao limite,
observando a lavagem da terra.
É inútil diferenciar escritores de residência estéril
dos reais argentinos.

Do meu posto, de cabeça de tubérculo,
fico com os últimos.

## MANIFESTO PELA OBVIEDADE

Buscamos comunicação integral
doc. e text. não completam uma palavra
Já estruturamos o direito ao onírico
ao grito
a um nariz que nos coubesse
e à pretensão de uma humanização em artigos

Revisamos nossas formas
Como se renascer fosse possibilidade
Não é.
Manifestos redigidos por afetação
quem dera fosse paixão
Qualquer obviedade, agora, é sobrevivência
Clamamos, a partir de então:
o Manifesto pela Obviedade.

Daqui deste buraco
com algumas plantas, algumas madeiras
repetir os materiais reconhecíveis
O primeiro ato é a toca consciente de nossas mãos
os acertos infantis para o consenso
Precisamos formatar sem exigências
Construir como manuais navais
Todo cuidado com a primeira matéria:
Não repetir o que somos – os restos.

## ANURAS

Em uma boa encosta penso:
minha profissão é água.
Não importa quanta concentração
os baldes seguem assustados na pele variável
Por ora, interina da respiração.
O resultado é uma costa encharcada
onde as fecundações se dão em cordão de espuma
e descamam derrotadas
em um interior não identificado
a pobre matou todas as formas de amor.
Para este dia sem cauda
darei um nome
com prefixo de anulação
que ele deixe, ao menos,
as mãos e as texturas necessárias
para morder um ovo e acenar a dança.

VERÃO

Estado,
pares embaçados de passado,
complacentes com esquecimento,
lhes cabe um azulejo decorado na cara,
colunas de provocar paixão,
arrebentadas em concreto suspenso,
um poeta miúdo se esconde entre elas.

O poeta vê,
o olho do morredouro é o olho do Estado,
de afastamento
turvado de poeira
gelando os pés
despontando caras magras
que não foram feitas para friagem.
O nariz em bico
o queixo de mordiscar
a orelha domesticada em sussurros
estão preparados para a insistência da luz
provando que, nesse país,
quem brilha é o estado da permanência.
Que a corda arrebente
nos que sapateiam sobre o cais de ossos.

## TELHADOS DA SÉ

Terça à tarde
eu nos vejo com um fumo
que não sabemos onde se compra.
Estamos num poleiro da Sé,
antes auge de um barão.
Eu, tu e Cássio – vestidos em chapéus de palha
imitamos os combatentes.
Não estamos
aprisionadas às pedras
e sim à comunhão das dores
uma
    a
        uma
          impostas
Não nos cortem
a língua
pois ela é
O bom do bom
da boca boa

Hoje lembrei da Maria Lucia, do coreto antes da pintura, de uma alegria
de falar do que é da gente.
Eu beijei a Julia, e já não sabia o que fazer,
como eu deveria rir na frente de uma mulher?
A gente faz a mesma coisa de parecer meiga ou não disfarça nada.
Eu já não me lembro se eu tinha beijado a Julia.

Na verdade, Luiza, aquele tanto de vida era um momento de nós duas, eu consegui ver bem.
Eu e tu, Luiza, virando outra coisa. Não seria para sempre, mas eu me vi rindo dente à beça por estar perto de ti, tao presente, tudo indo numa verdade.

Hoje, só lembrei…
Vi a gente como grandes, via a gente sócia.

Aí eu enfiei meu dedo no vinho,
fingindo que era aquela torta de morango que comemos suadas,
no bairro do Marco.

COMO OS CARAS

Cara, e somente cara cabe para começar o assunto. Porque é preciso chamar a atenção, é preciso ser professoral. Vivemos, agora, em varanda de celebração.
Barrigas alimentadas e alguns baratos que vamos nos permitir.

Cara e somente cara cabe para começar o assunto, pois não quero repetir,
explicar que há desejo
se movimentando por toda a parte.

Ele veste biquíni, deixa desprender o fio entre os dedos, passando por todo comprimento da bunda.

Cara e somente cara cabe para começar o assunto,
pois somos como os caras,
somos coisas muito comuns, que necessitam ser repetidas.
E, assim, vamos nos definindo num assado,
numa bebida preferida,
numa gíria de bicho ou de quem está ultrapassado desde os anos dois mil.

Criamos um nem eu nem tu,
um outro,
formado de tudo que jogamos na queima,

não é cria, nem criança.

Cara, e somente cara cabe para terminar esse assunto, porque não há medo,
tudo é espanto no amor desse terceiro corpo.

**Olímpica**
lavou a louça com as unhas frescas.

## FERRUGEM

A quantidade de espelhos
não garante a reflexão
das questões que lhe dirigimos
[apenas um objeto]
Repele tu a matéria
e te conduz a um outro aspecto
Eleja a ferrugem
pois viver em falta é mancha prazerosa.

Tens pensado em uma casa
sacrifício dos metais de tua preferência
uma pia antiga
uma moldura combinante
Tens pensado em gavetas de dois puxadores
em gavetas retangulares de ponta a ponta
a fim de caber peças
para montar-se como a memória.
Aniquilas a capacidade do visível
da presença de fora
Amiúdas-te
até provocar confusão
Tens pensado na casa como vontade
de colocar os pés em um porvir
onde entrarás com propriedade

Até aqui, todo um caminho seguindo umbigadas
Faz teu assentamento em quadril

Olímpica
lavou a louça com as unhas frescas.

## FERRUGEM

A quantidade de espelhos
não garante a reflexão
das questões que lhe dirigimos
[apenas um objeto]
Repele tu a matéria
e te conduz a um outro aspecto
Eleja a ferrugem
pois viver em falta é mancha prazerosa.

Tens pensado em uma casa
sacrifício dos metais de tua preferência
uma pia antiga
uma moldura combinante
Tens pensado em gavetas de dois puxadores
em gavetas retangulares de ponta a ponta
a fim de caber peças
para montar-se como a memória.
Aniquilas a capacidade do visível
da presença de fora
Amiúdas-te
até provocar confusão
Tens pensado na casa como vontade
de colocar os pés em um porvir
onde entrarás com propriedade

Até aqui, todo um caminho seguindo umbigadas
Faz teu assentamento em quadril

O capacho felpudo na porta
por ele a quadrilha deixa um sopro
para lembrar-te do conforto de uma casa vazada.

Chegamos embarcados
Nos dispersamos nas histórias da cidade

Hoje só há uma liberdade
a que atravessa o peito e levanta.

Sobre as mensagens descabidas
não entrego culpas fáceis
ou desenhos ao telefone
Melhore a leitura
a presença
Tomo forma de passo apertado
Despindo-me a meio caminho
como se passos fossem os grandes tomadores de decisão
legisladores da vida
tribunal do filho sonhado.
Como se o futuro do país dependesse deles
nos levando a qualquer aceno do real.

de milagres já estamos esquecidos.

Hoje me deitei,
semicerrei os olhos,
coloquei as mãos cruzadas
sobre os peitos,
elas balançaram e caíram mais para o lado esquerdo
Meus peitos são grandes
[equilíbrio nunca foi forte].
Respirei profundo, difícil,
Chorei sem estrado.

Minha despedida não foi uma grande ode,
acredito que, muitas, fizeram assim.
Nada mais é novidade
Não te julgues especial.
Repeti o movimento: profundo, difícil.

Você ainda me encontrará deitada
Pois vou despedir-me
até puxar a própria cabeça,
e pelada
arrebentar em pulmão,
celebrando a mais importante das boas-vindas.

## 20 DE ABRIL

Tenho gostado tanto da palavra cara,
ela soa como o imediato, este que se tornou nosso futuro.
Me chamaste de 'minha cara', achei engraçado,
pois é realmente isso o que eu tenho a oferecer:
a ti,
ao mundo.
E o mundo, agora, reside todinho no papel que te escrevo.
Minha cara é minha única matéria,
e canso de ver tanto sobre mim nesses dias de eterno espelho.

Que bom que me escreves.
Ando pensando que a pressão do vento sobre meus cílios ralos
talvez seja porque eles também tenham uma cara
pesadamente valiosa.

Voltei a tomar café coado
sem a chapa da cafeteira.
Somos feitas de hábitos
não de presas, mas de movimentos.
Sobre esses, os observo, os cuido
não os afugento mais.
Vamos arquitetar cada um, elegê-los,
erguê-los.
Que a tal da minha cara não registre mais o medo
da capacidade de sermos livres,
como o dia que nos deitamos no chão,
e fomos resgatadas pela cara amarelada de um louco.

Enquanto o beijo encontra a estrela
abro-me como pasta de arquivo
retomo, alfabeticamente, a nomeação dos sentidos.
Hoje é perigoso chamá-los por seus nomes,
compram-se manuais, distrai-se com fragmentos,
como se não soubéssemos que a maioria deles
são compostos pela vogal a, o começo de tudo.
Talvez seja, pensando, na vogal a, nesse pretenso começo,
que invejei, no dia de hoje, uma grávida.
Ela embalava uma suposta cara sobre o mesmo sol que, antes,
despediu-se de ti.
Invejei aquela pele despontando, o bico cada vez mais preto,
me pareceram tão certos.
Acho que vi nela, no sol, na criança e no bico preto
a verdadeira cara do mundo,
pois esses são insistentes em matéria de nascer.

## 22 DE ABRIL

A respiração virou objeto,
é preciso, ainda, reaprender o outro.
Confesso que escrevo com rapidez,
interrupções fazem parte de nossas literacias,
desde a inauguração de cada linha.

Paro e vejo as contagens, como vejo meninos crescidos,
paro e rapto uma fresta do lá fora,
paro e sinto a textura de nossas carnes.
Não paro.

Reaprendi, também, a andar
são enormes caixas de madeira sobre a cabeça,
meus livros passaram por mutação e
exaurem o meu equilíbrio.
Toda a propriedade que tens no pescoço me rasga.
Estou sem roupas.
Quem diria que isso seria menos indecente
do que fantasias.
Não há vestes para o real,
não há vestes para loucos reis.
Passo por nossas imagens, em que compartilhamos o mesmo *frame*,
essas que já foram tão elogiadas por façanhas e bocas sujas.
Até aqui já rasguei minhas e tuas vestes.
Sigo agora para mais um banho,
não paro.
Me ensina de novo a respirar?

Eu sempre em luta contra o mercado
Tu, vestida de motor
E aí? Eu perco.
Amo as marcas de suspensão, um degrau a mais em tudo.
Seu cabelo ajuda a convencer, ele e o vento em cumprimento. Falo
rindo sobre eles.
O veículo pequeno, cabem somente duas canelas levantadas,
joelhos despontados,
costas curvadas e olhos compostos de milhares de milhões de caretas.

Em ti, a superação do corpo – rígido,
existem masculinos serrados ao meio por causa desse acontecimento.
Corpo seguido de apêndices articulados.
Seus braços?
Registros fósseis da juventude,
gritam na cara do mundo com buzina de caminhão.
Seus dentes?
Agarram as latas, cortantes, onde escorrem tudo que gostamos,
e seus ombros sobem e descem escadas –
a envergadura perfeita de quem equilibra os seus,
banhando-os em bacia,
jogando água em suas testas.
Só assim para batizares os meus filhos.

Disparadas,
o fundo de nossos olhos aponta a construção de buracos de corujas,

de bichos de planície, deles decoramos alguns barulhos,
refazendo nossos rituais, cavando canais e valas de escuta.
Encontramo-nos na embocadura da água.
Emerjo montada nas tuas costas, no estágio de cavalinho do diabo.

Seguimos em terras distantes, nem causa nem problema.
Lembramos de nossas canelas e quão boas elas são
em passos largos.

Nasço
de um relato sem importância
sobre retratos de coloração roxa
né nada né nada
nasço berrante.

de bichos de planície, deles decoramos alguns barulhos,
refazendo nossos rituais, cavando canais e valas de escuta.
Encontramo-nos na embocadura da água.
Emerjo montada nas tuas costas, no estágio de cavalinho do diabo.

Seguimos em terras distantes, nem causa nem problema.
Lembramos de nossas canelas e quão boas elas são
em passos largos.

Nasço
de um relato sem importância
sobre retratos de coloração roxa
né nada né nada
nasço berrante.

## MODOS DE CONSTRUÇÃO SOBRE TAPUMES

É preciso demolir-se
antes da destruição
É preciso contorcer-se
Alta de apitos
acenar à poeira
o fim dos materiais
Sabemos que a estrutura cairá.

Nos tráficos de cozinha
permanecem os padrões de corte
da cebola
do coxão mole
da retirada das paredes.
Iniciam-se os preparativos
derrubada sem danos
já se sabe os movimentos seguros de sedação,
basta voltar
ao exercício da vasta extensão
das sequências de luz e umidade,
sabendo que é charme
expandir-se ao natural.

Não canto para ser biografada.
Minhas bandeiras começam na barreira do mar e vão até calmas
baías, formações de nuvens, pavimentos armados.
Na minha história, uso minúscula, porque assim me parece flexível,
simpática.
É válido me comunicar com minhas personagens,
sem matá-las,
a não ser quando insistem em morrer.

Deixo que o espírito da minha avó desenhe,
num caderno capa mole,
uma boneca no balanço,
para que eu pinte seu tom de pele com a cor de minha preferência.

## FOLINHA

Não tenho vontade de nada
e quero muito me perdoar por isso.
Os grampos estão soltos, criando ferrugem,
impregnados de sabonete,
preso nas falhas do piso
também, por isso, quero me perdoar.
Me perdoar pela dívida com minhas irmãs,
que não habitam mais nos meus olhos,
um pecado falar sobre isso.

Já já, saio para caminhar
marcando algum ponto para a rotina
que notificam como inútil.
Vejo que a utilidade é uma chegada cada vez mais longe

Já já, saio para caminhar
e, finalmente, soltar os peixes de Adília.

# É DE MANHÃ

Sento-me sobre nossa narração até aqui.
A parte a caminho? Controlo para que não se perca. Para que batas na porta às seis, horário certo da partilha. Acreditamos na madrugada. Ela nos assegura a criação de um mundo, onde a linha da história não é desviada, onde nos alimentamos de colher em colher, a gosto de cozido, comendo a noite em prato fundo. Onde somos compostos de signos só com quadraturas de prazer.
Lá, intuímos um o corpo do outro, e assim te apresento o velho mundo: o jeito que arrumo seus ombros, é encontro das crianças com um boi imerso, e a pressão da minha testa na tua se iguala ao primeiro delírio do jovem.
Então, a certa hora, tu duvidas sobre o que conto do amor.
Com razão, pois foi com o indicador no céu da boca, feita um balneário, que o descobri. Tomada de assalto, li nos parágrafos, soube pelas bocas das gavetas mudas, que os meninos Joaquim, por sina de nascença, seguem mal-amados.

Há um projeto de horrores nos jornais que vendes.
E assim se anuncia: é de manhã.

O castigo foi executado.
Arranhões adaptados.
O espécime evoluiu.
Toda a carapaça descama e fede.
Isso é artifício para o novo
Disfarçando a variação de caracteres.
Quem tem uma variante vantajosa
tem o fardo dos descendentes,
por isso, mantém só a bunda.
É bicho que não reproduz
posta à lambida.

—

Nenhum poder
cria ternura
nem dissipa a miséria enfiada a nós.
A salvação vem nas histórias de quem afogou um braço
e virou filha, capaz de sustentar um corpo inteiro.

PUÍDA

Volta e círculo
palavra e figura
associadas por uns
como as irmãs dos nomes que rimam.
Estou num impasse, de frente
Acredito que volta é forma estendida
lençol de cor gigante.
O tecido é humilde
Você está abraçada,
estudando as falhas
a ida dos fiapos.

Os responsáveis assinaram *ciente* na agenda
e deixaram a bainha em suspenso
O fogo resolutivo
a fim de selar
fez buraco.

Lili
autodenominada
porque encontrou o ser brincante
Olhos perfeitos por trás de folhas
imitações de cunhataí.
ocupante dos cômodos escondidos
Muito fácil gostar de língua de boi
quando os melhores pedaços já estão reservados
Aprendeu nessas tantas
e sempre
e muitas refeições
a lidar com falas
Foi a primeira estadista de seu país
a entidade da berlinda
padroeira de terracota
Pronta a preencher as histórias da minha boca
produto da minha prensa
Ícone nacional, longe da maldade
Faz do outro sua proteína
Fortificada
não necessita morder as coxas do pai.

NOTAS SEM REVISÃO

O equador corta a linha da minha mão
meu corpo é apagado pela história do velho mundo.
Explicar meu nascimento faz parte desse mesmo texto.

Cada um carrega seu pisca:
Corpo de alerta.

A identificação se faz na trena de pernas desproporcionais
que soluciona medidas, permitindo
a amputação da cabeça do osso
e a garantia de uma boa postura.

O encontro
se faz pelo consenso da quantidade de dedos necessários
para que um peito desponte como peito.
Quem dá o seu significante não são os doutos
são os usos.

A certeza
de se chocar com o corpo
e desfazer os alertas
se dá na contagem dos botões dispensáveis
que te permitem abrir uma boa pastagem e
montada em pelo
comunicar a força de um rabo suspenso.

## DESPEDIDA

Eu agradeci por educação
Saí empossada de caráter,
sem escalar por tuas imagens de passos, de poses cansadas, de pessoas que...
– Do chão não passam.
Compondo o mobiliário do cinismo.

Do contrário
Poderia babar tudo isso em cenas de cafeteria.
Mas babar é ato de descanso
sobre um pano
um peito
um pau
ou abaixo de um búfalo
que conhece a cara da grama
E mantém enxuta
uma ilha inteira.

Um feixe nos atravessa –
Disfarçamos, na crença de burlar o vazio.
de repente, suspensos em respiração, admitimos: ele está ali.
Nesse momento, nossos olhos caídos refletem-se,
trocamos apenas certezas ruídas.
Lugar doloroso e fecundo, nele tecemos um cordão fino, quase não se vê.
Fizemos nossa amarração, seremos festa de nós.
A música entra, ficamos de pé,
Assentimos, conscientes de que a vida se toca em dança.

## SOBRE MASSAS CLIMÁTICAS

Rô
de 1996 só permaneceu o andar ansioso por açúcar, por troca de figurinhas e impressões diárias. Era assim o passado dos zés, dos asa capenga, dos tênis medíocres, cor lilás roubado da mãe ou até bonitos, mas guardados para ocasião de novena. Me diz, meu bem, que santa que repara em calçados? Elas gostam das calçadas, dos descalços, das fitas rompidas, da gira girândola lá.

Eu tô aqui.
O copo de leite era afeto e o cartaz estandarte, empenhados nas dobraduras de crepom, na abertura de letras estilizadas, essas nada boas. Nossas falhas davam limite à vaidade. Revolucionário, mesmo, era ter o controle de votos do salão vermelho (votos roubados tem quem diga), nos concursos de *miss*, nisso sim, bons, talento de quem tem irmãos amparados. Compartilhamos ambientes quentes, cerrado. Ventos alísios é teu tipo, da ascensão das massas, das ligas, dos trópicos, do meu trópico, próximo a minha linha baixa, abaixo de ti. Tu temperas os limites do mundo.

Te vi
Em 2014, ainda o mesmo andar. Busquei nosso papel passado. Fiquei ali por algum tempo. Está entendido que a partida é depois da chuva, depois das duas, olhando pro teto com estrelas ultrapassadas, o néon já se perdeu, e, agora, na tua casa tudo é desmonte. Teu choro é como

o bode, emite um único som, bem resolvido, não espirala como o barroco da nossa cidade, teu chifre não é adorno, é enfrentamento, sobrevives às minhas inundações, eu sim parecida com a nossa cidade. Antes do mormaço, que nos deixa sair, tocamos transa, quando essa palavra significava barato físico.

Sabemos que eles ascenderam e fomos reduzidos a golpes.

Em 2017, o andar continua.
Agora, Rô, atenção. Estamos em vertical e não é mais possível voltar atrás, ao fim desta chuva, neste dia, a cada ano, estaremos alinhados no nosso hemisfério preferido, sul d'América, observando o mundo por cima das cabeças deitadas.
A anunciação desce a ladeira e toca o 208.

## RASTROS DE WANDA

Para quem nem tudo é permitido
Ficam as imagens do rastro
Fica o nome escrito na nota de cem,
um qualquer, deixado na gaveta.
A opção dada são cores fortes
Sinal de parada
Nunca livres
O trânsito sempre labiríntico
Nada se sabe sobre elas
Porque sua semiologia são os indícios.

Eu atravesso a cidade, ela está sincopada por uma respiração escassa
Ainda assim acendo-me com o vento
Para chegar a ti, e preencher a cara da tua bandeira.

O amor é político porque ele tem muito mais de paixões do que de partidos,
na verdade,
de partidos a política guarda muito pouco.
Estamos em comunhão
para sentir a síncope um pouco mais impetuosa
em cada olhar cruzado,
em cada mão desguiada,
em cada compartimento sanfonado
onde metemos a língua.

É tão difícil a gente voltar à própria língua.
Mas não é o caso de, nesse momento,
falar sobre o que se quer,
mas sobre o que deve ser dito.

Este é o seu lugar na pequena história de uma amídala acimentada.

My dessert
meu docinho
palatável, sugável,
assim como as iluminuras
de sete antes de cristo.

Teste de condicionamento é a discordância.
Ratos reativos de pelos brancos, no púlpito do público, travam gritos, com dedos em riste, marcas belgas e outros venenos:

– Você já foi na minha casa.
– Você também já foi na minha casa.
– Você foi na minha casa ANTES.
– NA SUA CASA? Fui sim, com os dois pés.
– Você respirou e cheirou na minha casa… pia toda branca.
– Você TAMBÉM já esfirrou na minha casa, seu pó lá todinho.
– Sim, verdade, PORRA. Você levou um bando de bagulho pra minha casa.
– Fumei. Você também já fumou na minha casa.
– Porra, fui na sua casa.
– E você na minha…

Um sentado.
Outro se levanta, e vai.
Tendência entre os términos: reatividade por certeza absoluta.

Será que um dia nos encontraremos
quando tuas crianças estiverem tão maiores?
Nesse tempo
estaremos também tão maiores
que, talvez, nossos rostos disformes
não se percebam.

E, mais uma vez, passaremos pelos mesmos
bares
praias
amigos.
Talvez irreconhecíveis
Talvez cansados
Talvez ainda vestindo máscaras
Ou evitando nos cumprimentar.
Repetiremos o andar em círculos?

Espero estar em cima de uma pedra de desejo,
pronta
para que no escuro
eu toque um rosto e saiba "és tu"
ainda do mesmo tamanho que te deixei.

## ATO DE CRIAÇÃO I

Empurram as crianças com um beliscão
Como quem diz: é o que mereces.
Marcadas por ainda não
emitirem bons fonemas.
Um olhar pousa sobre os
cabelos suados,
pequenos e mal cortados
Um olhar que toma o que um dia foi liberdade.

Uma sobrinha senta-se
numa cadeira roubada
enquanto estouram fogos.
Uma mulher recobra a voz de amor e diz para o menino:
olha que lindo.

Entendi que era seu filho.

ATO DE CRIAÇÃO II

Eu gosto da casa da minha mãe
e gosto mais ainda quando ela não está aqui.
É o único momento em que
sei parar o tempo, o toco
parece ainda intacta aquela noite de Natal.

Nos sábados de música
Nas brigas sucedidas de um embalo
Posso te reconhecer sem distrações
da tua voz que me enerva
Mas que busco em qualquer canto
empoeirado de vida
no desespero de ouvir:
estou aqui
és tu, a minha filha.

Toda métrica tem um certo cheiro de mãe.

## BARALHO CIGANO

A carta do navio
é cercada de muita água
Assim como são cercadas de águas
as cartas das grandes viagens
Já as cartas que ensaio
são apenas breves anunciações sobre
nossas trocas de pequenos presentes.

Surgem assim como os quelônios se reproduzindo
em buracos de areia
e indo se encontrar
com os sonhos de longevidade,
em que cavalos selvagens
de crinas brancas
despontam em praias de água doce.
Jamais conseguiram me arrastar,
pois, fáceis como a infância,
fui eu
que os conduzi.

Em outros sonhos perdi unhas e dentes,
insustentados pela interpretação.
Eram da matéria dos rastros
impressos em nossos sistemas de dádivas
Em que te entreguei minhas lâminas evolutivas
[única defesa]

e devolveste, nobre,
uma sucessão de imagens concisas e belas.
És, portanto,
tudo que escrevo.

CARA LEITORA, CARO LEITOR

A Cachalote é o selo de literatura brasileira do grupo Aboio.

Lemos, selecionamos e editamos com muito cuidado e carinho cada um dos livros do nosso catálogo, buscando respeitar e favorecer o trabalho dos autores, de um lado, e entregar a vocês, leitores, uma experiência literária instigante.

Nada disso, portanto, faria sentido sem a confiança que os leitores depositam no nosso trabalho. E é por isso que convidamos vocês a fazerem cada vez mais parte do nosso oceano!

Todas as apoiadoras e apoiadores das pré-vendas da Cachalote:

— têm o nome impresso nos agradecimentos dos livros;
— recebem 10% de desconto para a próxima compra de qualquer título do grupo Aboio.

Conheçam nossos livros e autores pelo site aboio.com.br e siga nossos perfis nas redes sociais. Teremos prazer em dividir com vocês todos nossos projetos e novidades e, é claro, ouvir suas impressões para sempre aprendermos como melhorar!

Embarque e nade com a gente.

Cada livro é um mergulho que precisa emergir.

APOIADORAS E APOIADORES

Agradecemos às 232 pessoas que confiaram e confiam no trabalho feito pela equipe da **Cachalote**.

Sem vocês, este livro não seria o mesmo.

A todos os que escolheram mergulhar com a gente em busca de vozes diversas da literatura brasileira contemporânea, nosso abraço. E um convite: continuem acompanhando a **Cachalote** e conheçam nosso catálogo!

Acácio Mokarzel
Adriane Figueira Batista
Adriane Leite
Alessandra Fonseca
Alexander Hochiminh
Alexandre Arbex
Almir Trindade Neto
amanda santo
Ana Maiolini
André Balbo
André Pimenta Mota
André Piñero
Andreas Chamorro
Anna Martino
Anthony Almeida
Antonio Arruda
Antonio Pokrywiecki
Arman Neto
Armando Sampaio Sobral
Arthur França Sobral
Arthur Lungov
Bianca Monteiro Garcia
Bruna Vieira da Silva
Bruno Coelho
Caco Ishak
Caio Balaio
Caio Girão
Calebe Guerra
Camilla Loreta
Camille Sobral
Camilo Gomide
Carla Carneiro Bichara

Carla Guerson
Carlos Andrei Pedroso da Silva
Carlos Rolo
Caroline Azevedo Rosa
Cássio Goné
Cecília Garcia
Cintia Brasileiro
Claudine Delgado
Cleber da Silva Luz
Cristhiano Aguiar
Cristina Machado
daniel A. Dourado
Daniel Dago
Daniel Giotti
Daniel Guinezi
Daniel Leite
Daniel Longhi
Daniela Rosolen
Danilo Brandao
Dany Neves
Déborah Gouthier
Delzilene Oliveira de Alencar
Denise Lucena Cavalcante
Desiree Costa Giusti
Dheyne de Souza
Diogo Mizael
Dora Lutz
Eduardo Protázio Filgueiras

Eduardo Rosal
Eduardo Valmobida
Elisa Lara da Silva Vaz
Emylle Catherynne Silva Leite
Enzo Vignone
Erika Ferreira
Evanilton Gonçalves
Fábio Franco
Fadia Mufarrej
Febraro de Oliveira
Felipe Augusto Serra Cordeiro
Felipe Bruno Silva da Cruz
Felipe Lima Sanches
Flávia Braz
Flávia Do Amaral Vieira
Flávio Ilha
Francesca Cricelli
Francisco Lucas Melo
    Corrêa do Nascimento
Frederico da C. V. de Souza
Gabo dos livros
Gabriel Cruz Lima
Gabriel Gutierrez
Gabriel Pinheiro
Gabriel Stroka Ceballos
Gabriela Machado Scafuri
Gabriela Teixeira Ramos
Gabriella Martins

Gael Rodrigues
Giovanni Pantoja
Giselle Bohn
Guilherme Belopede
Guilherme Boldrin
Guilherme da Silva Braga
Gustavo Bechtold
Gustavo Sobral Toscano
Hanny Saraiva
Heitor Antunes Milhomens
Henrique Emanuel
Henrique Lederman Barreto
Íris Lúcia Costa Santos
Ismara Antunes Cardoso
Ivana Fontes
Ivana Teresa Jinkings Campelo
Jadson Rocha
Jailton Moreira
Jefferson Dias
Jefferson Jonni Xavier do Rosario
Jeniffer Yara Jesus da Silva
Jessica Moraesmac Dovel
Jessica Ziegler de Andrade
Jheferson Neves
João Luís Nogueira
João Pedro Galvão Ramalho
John Bogea
Jorge Cardoso Sá Ribeiro
Jorge Verlindo
José Vargas Junior
Júlia Gamarano
Júlia Vita
Juliana Costa Cunha
Juliana Slatiner
Júlio César Bernardes Santos
Laís Araruna de Aquino
Lara Galvão
Lara Haje
Larissa Paulina Souza Pinheiro
Laura Redfern Navarro
Leila Cristina Severino da Costa
Leitor Albino
Leonam Lucas Nogueira
Leonardo Pinto Silva
Leonardo Zeine
Lili Buarque
Lolita Beretta
Lorena da Silva Soares
Lorena Magalhães Navarro
Lorenzo Cavalcante
Lorran Gabriel
  Chaves de Menezes
Lucas Ferreira
Lucas Lazzaretti
Lucas Verzola
Luciano Cavalcante Filho

Luciano Dutra
Luis Cosme Pinto
Luis Felipe Abreu
Luís Fernando Pereira
Luísa Machado
Luiza Leite Ferreira
Luiza Lorenzetti
Mabel
Maíra de Deus Brito
Maíra Thomé Marques
Maíra Valério
Manoela Machado Scafuri
Marcela Maria Azevedo
Marcela Roldão
Marcela Sarmento da Silva
Marcelo Conde
Marco Bardelli
Marcos Vinícius Almeida
Marcos Vitor Prado de Góes
Marcus Vinicius Ferreira Rossi
Maria de Lourdes
Maria Eulália Sobral Toscano
Maria Fernanda
     Vasconcelos de Almeida
Maria Inez Porto Queiroz
Maria Luíza Chacon
Maria Vitória Dutra
Mariana Donner

Mariana Figueiredo Pereira
Marina Lourenço
Marlon Lima
Mateus Borges
Mateus Magalhães
Mateus Nogueira
     de Farias Moura
Mateus Torres Penedo Naves
Matheus Picanço Nunes
Mauro Paz
Mayara Vieira
Mel Bleil Gallo
Mikael Rizzon
Milena Martins Moura
Monique Malcher
Monique Sobrzl Delamare
     de Boutteville
Murilo Moura
Natália Mello
Natalia Timerman
Natália Zuccala
Natan Schäfer
Norival Leme Junior
Otto Leopoldo Winck
Paula Luersen
Paula Maria
Paulo Menotti del Picchia
Paulo Scott

Pedro Torreão
Pietro A. G. Portugal
Rafael Atuati
Rafael Mussolini Silvestre
Rafael Sobral Marques Feitosa
Rafaela Chaves Lobato
Raoni Arraes
Raphaela Miquelete
Ravy Bassalo
Renata dos Santos Cortinhas
Renata Moreira
Ricardo Kaate Lima
Ricardo Pecego
Rita de Podestá
Rodrigo Antonio
Rodrigo Barreto de Menezes
Rodrigo de Carvalho Sanches
Rodrigo Terra Vargas
Samara Belchior da Silva
Sávio Victor de Sousa Lemos
Sergio Mello
Sérgio Porto
Sergio Ricardo Magno Nunes
Sofia França Sobral
Thais Antonio
Thais Fernanda de Lorena
Thassio Gonçalves Ferreira
Thayná Facó

Tiago Moralles
Tiago Velasco
Toni Moraes
Ulisses Borges
Valdir Marte
Vanessa Mesquita Barbosa
Weslley Silva Ferreira
Wibsson Ribeiro
Yvonne Miller

EDIÇÃO André Balbo
CAPA Luísa Machado
REVISÃO Marcela Roldão
PROJETO GRÁFICO Leopoldo Cavalcante

PUBLISHER Leopoldo Cavalcante
EDITOR-CHEFE André Balbo
ASSISTÊNCIA EDITORIAL Gabriel Cruz Lima
DIREÇÃO DE ARTE Luísa Machado
COMERCIAL Marcela Roldão
COMUNICAÇÃO Luiza Lorenzetti e Marcela Monteiro

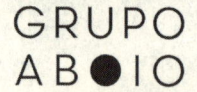

GRUPO
AB●IO

ABOIO EDITORA LTDA
São Paulo — SP
(11) 91580-3133
www.aboio.com.br
instagram.com/aboioeditora/
facebook.com/aboioeditora/

© da edição Cachalote, 2025
© do texto Gabriela Sobral, 2025

*Todos os direitos reservados. Nenhuma parte desta obra pode ser reproduzida, arquivada ou transmitida de nenhuma forma ou por nenhum meio sem a permissão expressa e por escrito da Aboio.*

*Grafia atualizada segundo o Acordo Ortográfico da Língua Portuguesa de 1990, que entrou em vigor no Brasil em 2009.*

Dados Internacionais de Catalogação na Publicação (CIP)
Bruna Heller — Bibliotecária — CRB10/2348

S677m
    Sobral, Gabriela.
        Modos de construção sobre tapumes / Gabriela Sobral. – São Paulo, SP: Cachalote, 2025.
    49p., [15 p.] ; 16 × 19 cm.

    ISBN 978-65-83003-45-4

    1. Literatura brasileira. 2. Poesia. 3. Poemas. I. Título.

                              CDU 869.0(81)-1

Índice para catálogo sistemático:
1. Literatura em português 869.0.
2. Brasil (81).
3. Gênero literário: poesia -1

Esta primeira edição foi composta em Adobe Garamond Pro e Martina Plantijn sobre papel Pólen Bold 70 g/m² e impressa em maio de 2025 pelas Gráficas Loyola (SP).

A marca FSC® é a garantia de que a madeira utilizada na fabricação do papel deste livro provém de florestas que foram gerenciadas de maneira ambientalmente correta, socialmente justa e economicamente viável, além de outras fontes de origem controlada.